BOMBER

IF I WERE A SUICIDE

Also by Per Aage Brandt
in English Translation

These Hands

PER AAGE BRANDT

BOMBER
IF I WERE A SUICIDE

& OTHER VERSES

Translated from the Danish
by Thom Satterlee

OPEN LETTER
LITERARY TRANSLATIONS FROM THE UNIVERSITY OF ROCHESTER

Library of Congress Cataloging-in-Publication Data:

Names: Brandt, Per Aage, author. | Satterlee, Thom, translator.
Title: If I were a suicide bomber / Per Aage Brandt ; translated by Thom Satterlee.
Description: Rochester, NY : Open Letter, 2017.
Identifiers: LCCN 2017019419 | ISBN 9781940953649 (paperback) |
ISBN 1940953642 (paperback)
Subjects: | BISAC: POETRY / Continental European. | LITERARY CRITICISM /
Semiotics & Theory. | PSYCHOLOGY / Cognitive Psychology.
Classification: LCC PT8176.12.R35 A2 2017 | DDC 839.811/74—dc23
LC record available at https://lccn.loc.gov/2017019419

Printed on acid-free paper in the United States of America.

Text set in Jenson Pro, an old-style serif typeface drawn by Robert Slimbach,
based on a Venetian old-style text face cut by Nicolas Jenson in 1470.

Design by N. J. Furl

Open Letter is the University of Rochester's nonprofit, literary translation press:
Dewey Hall 1-219, Box 278968, Rochester, NY 14627

www.openletterbooks.org

CONTENTS

ACKNOWLEDGMENTS

Grateful acknowledgment is made to the editors of the following periodicals in which these translations first appeared, sometimes in slightly different versions:

The Literary Review: "96" and "95" (from Elegy. Poetry)

Metamorphoses: "50," "49," and "44" (from Elegy. Poetry)

Modern Poetry in Translation: "if I were a suicide bomber . . . ," "how heavy can a mind be . . . ," "postcard from the country . . . ," "we do two things . . . ," and "understanding involves violence . . ."

PEN America Newsletter: "I don't cohere, I contradict my . . . ," "I'm spilling time, it's milk . . . ," "it rains, it blows, it darkens, it goes . . . ," "the cat comes in happily with another baby rabbit . . . ," "he wrote a piece for 80 trombones and another for . . ."

Puerto del Sol: "each day all over, again and again . . ." and "the ice under the snow resembles something . . ."

Tin House: "100," "99," "98," and "97" (from *Elegy. Poetry*)

The translator wishes to thank the PEN American Center for supporting this project through a PEN/Heim Translation Fund Grant. He also wishes to thank the Danish Arts Foundation for their continued and ongoing support:

DANISH ARTS FOUNDATION

TRANSLATOR'S INTRODUCTION[1]

After almost ten years of translating the poetry of Per Aage Brandt, my conviction that he is unique—or at the very least, highly unusual—has only grown stronger. Start with the surface elements: how many poets end their poems with titles, as Per Aage often does? And even among those rare poets who employ "post-titles," Per Aage must be considered singular because of his varied and inventive uses of it—as an aside, or an allusion, or an opportunity to switch from his native Danish into one of the many other languages he speaks, including English, French, German, and Latin. Or what about his close attention to the right-hand margin of his poems? In most of his poems, each line ends within a space or two of the others, giving his work a machine-like appearance. The same effect occurs when he stretches or shrinks the line by uniform increments, and to preserve this important formal feature I have sometimes taken liberties, even breaking up words not broken in the Danish, in order to give the translation the same shape as its original. Then there is his use of

---

1 An earlier version of this introduction appeared in the *PEN America Newsletter*, under the title "Turns of Verse: On Translating Per Aage Brandt."

the Danish word *Poesi* instead of the more common *Digte* in the titles of his many collections of, well . . . not poems, but poetry; or maybe better yet, verse, since that word originally meant "turn," as a plow turns at the end of a furrow and as Per Aage does with great precision at the ends of his lines.

You might expect such a rigid artistic program to become increasingly restrictive and for the poet either to move onto different forms or to run out of things to say with the old. But that just isn't the case with Per Aage. After more than forty years and thirty volumes, his work maintains its original principles and continues to show inventiveness. I think this freshness comes from his being as unbounded with the content of his work as he is bounded by its forms. A note on the back cover of one of his most recent collections lists the subjects covered as "anxiety, consciousness, death, dreams, ecology, economics, existence, aberration, the everyday, identity, irony, intimacy, cats, catastrophes, communication, war, the body, art, love, desire, power, nature, poetry, politics, religion, the soul, writing, disturbance, surrender, spirit, and certain other matters." There's hardly anything in the world that fails to interest this poet, and nothing that he fails to make more interesting once he's written about it.

While it wouldn't be wrong to describe Per Aage as a philosophical poet, as the list above suggests, it would probably send the wrong message, or not enough messages; not enough slightly contradicting messages. Professionally, he is a cognitive scientist with many books and scholarly articles to his name, and his work engages several branches of philosophy. But he is also a jazz pianist. He is also a concerned and at times bewildered cat owner. He has lived in Denmark, but also for long stretches in the USA, Argentina, and France. He writes poems about ideas, but also about the baby rabbit his cat brings into the house; poems about musical composition, but also about the composer relaxing in front of his fireplace. As one critic put it, "Per Aage Brandt's poetry is paradoxical: it is intellectual and stringent, but also playful and nutty . . . it is disarmingly human." It's those last two words that I find especially true of Per Aage's poetry, and what I most hope to convey through these translations.

—Thom Satterlee

BOMBER

IF I WERE A SUICIDE

FROM *ER DET NU /*
IS IT NOW (2007)

jeg lukker øjnene og spiller en spøgelsessonate
på knoglefløjten, et langt lårben, jeg drømmespiller,
ånderne rejser sig fra støvet og ligner søjler,
deres stemmer klinger som vasketøj i modvind,
kun konsonanter, men tankerne går til marven
ind, suger og spytter, slår over i langstrakt vokal

I close my eyes and play a ghost sonata on
the bone flute, a long thigh bone, I dream-
play, spirits rise like columns from the dust,
their voices sound like laundry snapping in
the breeze, just consonants, but the thoughts go
into the marrow, suck and spit, turn into long vowels

bag næste gadehjørne bakketop bogreol
en dødsfjende der venter på tusmørket
for at kunne slå til eller ikke venter men
hvirvler en kniv mod din tilsynekomst
og man er nødt til at være synlig det er
prisen for at kunne komme gå og være

(I can hop I can run)

behind the next street corner hilltop bookcase
a deadly enemy is waiting for dusk to arrive
in order to strike out or perhaps not waiting but
even now brandishing a knife at your appearance
and one is obliged to present oneself as visible
that's the price for coming and going and being

(I can hop I can run)

ja hvad skal man, aftenen falder over skuldrene
med en lukket lyd, mølædt gulvtæppe, du ved
nøjagtigt, hvad jeg mener, du blåspurv du rød-
kælk du gamle ravn, nemlig, at himlene er flade
og fortsætter til alle sider, en mørkegrå morgen
stirrer på én, tænker tungt: er du her lidt endnu?

(night and day)

what can you do, the evening falls over your shoulders
with a secret sound, like a moth-eaten rug, you know
exactly what I mean, you blue sparrow you red robin, you
old raven, to be precise, that the skies are flat and spread
out on every side, a dark-gray morning stares at the whole,
thinking heavily to itself: are you still here a little?

(night and day)

der er intet at stille op man kan lige så godt
gå hjem hvor der heller ikke er noget at stille
andre steder end hvor de nu står og ikke kan
flyttes så det kommer man ikke ret langt med
min ven se hvor vejret dog blæser men især
hvorhen og lad dig falde hvis du ikke kan stå

there is nothing one can do so you might as well
just go home where there is also nothing you can
do to things for they stand where they stand and
they cannot be moved so you don't get far with
that my friend see how and whither the weather
blows its winds and just fall if you cannot stand

jeg vil ikke
råbte han den sidste time af sin
bevidstheds evige liv

(3 – 7 – 3)

I will not
he screamed the last hour of his
conscience's eternal life

$$(3 - 7 - 3)$$

den du elsker
sidder i et træ og slikker regnvand
mens natten går

(3 – 7 – 3)

what you love
sits in a tree and licks rainwater
while night passes

(3 − 7 − 3)

en blå fugl stirrer på mig som en ekspert
på et tvivlsomt maleri, ikke overbevist
om hverken ægthed eller godhed, men
elegant og diskret overbærende, som nu
visse fugle kan være; en lang, tung ting,
langsom og tungnem, synes den: men
måske skal vi være her sammen i nogen
tid, så man må lade, som om fjolset dér
er godt nok og lige så ægte som en orm
trods dets åbenlyse mangel på holdning

(den og det, romance)

a blue bird stares at me like an expert
at a dubious painting, not convinced
of either authenticity or goodness, but
elegantly and discreetly tolerant, the way
certain birds can be; a tall, heavy thing,
slow and slow-witted, it thinks: but maybe
we have to be here together for a time, so
one must pretend as though this fool
is good enough and just as authentic as
that worm despite its patent lack of stature

(this and that, romance)

et skud løsnes, det sad fast først,
nu flakser det frit mod den lave himmel,
her bor hjerterne, og de slår, som var de klokker
ved midnatstid i trange gyder, det er de ikke,
for nogen falder omkuld, støvet rejser sig
i en sørgende søjle, mens solen går ned

a shot is fired, it was stuck at first,
now it flaps freely toward the low horizon,
where the hearts live, and they toll as if they were bells
at midnight in narrow alleys, though they're not,
because one falls over in a mournful cloud
of dust rising into the sunset

regnen falder over den årle sortladne morgen,
kommunikationen hvisker og hvæser socialt,
vegetationen mørkner og mørner visnende,
sætningerne dør tidligere end nogensinde,
men deres udsendte er her endnu og er ved

(godt mod)

early morning rain falls on gothic helm and brain,
the communication whispers and rasps socially,
the vegetation darkens and decomposes witheringly,
the sentences die earlier than they ever did before,
but I your correspondent am still here and remain

(in good spirits)

morgenlyset synes at ville sige noget, det
gestikulerer fra skyfri himmel, det borer
sig ind i min stillestående vågenhed, det
lægger sig grelt om tingenes omrids, det
skramler mod farverne i verden: hånligt
lys over de levende, villende sige noget

(etwas, aber was?)

the morning light seems to want to speak, it
gesticulates from a cloudless sky, it drills
itself into my solid awakenness, it lays itself
garishly about the outline of things, it rattles
against the colors of the world: contemptuous
light over the living, wanting to say something

(etwas, aber was?)

ordet pinligt er pinligt, det er så pinligt bare
at skrive det, man kalder på en helt bestemt
og meget prægnant fornemmelse, nemlig af
pinlighed, såsom: aflys venligst situationen,
sluk alle kameraer, slet alle optagelser, glem
hvad glemmes kan, lad mig ikke have været

(her)

the word embarrassing is embarrassing, it is
so embarrassing just to write it, you stir up an
entirely clear and concise feeling, which is an
embarrassment, like: please cancel the situation,
shut off all cameras, erase all recordings, forget
what can be forgotten, let me not have been
(here)

katten ser op for at se, om jeg ser ned,
det gør jeg da, i nåde, så den kan roligt
fortsætte med sit gøremål, indtagelse
af nadver, dyret er åbenbart religiøst,
lever under et blik, altid, indtil det ser
sit snit og lister ind i det dybe mørke

the cat looks up to see if I'm looking down,
I do, with compassion, so it can most safely
go on with its business, consisting of the con-
sumption of supper, this animal is obviously
religious, living always under a gaze, until it
sees its chance, steals into the deep darkness

at på dette uddøde sprog forfatte en lang sætning så særegen og fuld
af dårlig ånde, at den umuligt kan oversættes til noget andet sprog,
er måske en håbløs
idé, men det er lige det, der tiltrækker ånden: her står noget, som er
vigtigt og kun kan læses på denne betingelse: man læser, men man
kommunikerer ikke

(filologi)

composing in this dead language a long sentence so peculiar and
full of bad breath that it can't possibly be translated into any other
language, is perhaps a hopeless
idea, but it is just that which attracts the spirit: here's something
important to be found that can only be read under this condition:
one reads but does not communicate

(philology)

når vi ikke længere er i nærheden, endsige i
fjernheden, bliver klavererne ustemte, ret hurtigt,
atomkraftværkerne eksploderer igen og denne gang
helt uden hæmninger, alt underjordisk står under vand,
uvelkomne arter vender tilbage, storbyerne vil ligne citater
fra poeta en nueva york, denne gang uberørt af hånd og ånd

when we're no longer in the neighborhood, let alone
in anotherhood, the pianos get out of tune, very quickly,
the nuclear power plants blow up again and this time around
completely without reserve, everything underground goes under
water, unwelcome species come back, capital cities will call up lines
from poeta en nueva york, this time around uninfluenced by hand or spirit

jeg bør først fremstille min biografi;
da det nu er gjort, vil jeg straks gå over
til endnu mere relevante emner, f. eks.
verdens tilstand og livets mening: de
kan nok trænge til en lige så udførlig
fremstilling, den være hermed givet

(data)

I must first give an account of my biography;
now that this is done, I will go straightaway
onto yet more relevant matters, such as the
state of the world and the meaning of life:
they may want an equally comprehensive
account, so that has been herewith given

(data)

hun stirrede på mig som et dyr på et dyr
ufortolkeligt

she stared at me like one animal at another
uninterpretably

FROM *POESI. 2010* / POETRY. 2010 (2010)

at sige noget nu
efter ikke at have sagt noget
og uden at tilføje noget som helst
som under alle omstændigheder ingen
har bedt om, er unødvendigt, men
kunne derfor kaldes poetisk

(derfor)

to say something now
after not having said anything
and without adding anything at all
that no one under any circumstances
has asked for, is unnecessary, but
could therefore be called poetic

(therefore)

postkort fra landet langt ude
på landet, hvor fuglene cirkler
og skovene falmer trindt, mens
klokkerne bimler, og kornet
sukker og stønner såsom et
enten lystigt eller fortvivlet
menneske, men midt i marken
står et skilt: helvede findes,
og et andet, du skal ikke hore;
det havde jeg ellers tænkt mig

(cincinnati: hell is real)

postcard from the country way
out in the country, where birds
circle and the woods are fading,
while churchbells toll and the corn
moans and groans like a person
who's either joyful or desperate,
but in the middle of a field there's
a billboard that reads, hell exists,
and another, thou shalt not fornicate;
just what I was thinking of doing

(cincinnati: hell is real)

hvad siger jeg, hvad gør jeg, hvad
går jeg ud på, jeg går sjældent ud
på noget i verden, og når nogen
synger *salva me*, undrer jeg mig,
hvorfor skulle man bede magterne
om lige at fiske en selv op af suppen

what do I say, what do I do, what
do I mean, I seldom mean anything
in the world, and when someone
sings *salva me*, I wonder to myself,
why are you asking the mighty forces
to fish just you up out of this soup

og vejret, ja, det er her stadig, træerne sort-gule,
vennerne slubrer kaffe i åbne kafeer endnu uden
brædder for vinduerne, den er varm og opløftende,
men allerede ligner himlen en senil, udslidt kollega

(endnu, allerede, træ)

and the weather, yes, it's still here, the trees black-yellow,
the friends guzzling coffee in outdoor cafés not yet with
boarded up windows, the coffee is hot and inspiring,
but already the sky's like some senile, worn-out colleague

(still, already, wood)

er der noget derude, hvor tingene står eller ligger,
eller er det bare en farvet tåge, vel, jeg ved, at der er
nogen i hvert fald, personer, så måske skulle jeg spørge
dem, om der også er noget; de har i så fald nok mødt det

is there something out there where the things stand or lie,
or is it only a colored mist, well, I know there are someones
at any rate, persons, so maybe I should ask them if there's also
something; in such case they must have encountered it

helvede er en tragt boret ned i jorden,
og den er temmelig lang, helt til klodens
centrum når den, hvor hr. satan residerer,
denne derfor mest jordiske af alle jordiske
væsener, ejer af det største kræmmerhus
i verden, overflødighedshorn og sugerør

(dante)

hell is a funnel drilled into the earth,
and it is rather long, all the way down
to the center of the globe, where resides
mr. satan, the most earthly of all earthly
beings, owner of the largest coronet
in the world, cornucopia and straw

(dante)

hvor tungt kan et sind blive
uden at falde ud af hovedet
på den sørgelige bærer, jeg
spørger bare, og du svarer
bare, meget tungt, tungere
end tungt vand og brosten
til broer eller skyts, sindet
er sejt, men der er grænser
for bærekraften, hinsides
hvilke et hældende hoved
truer en stillestående fod
med fald som af is fra tag

(blues)

how heavy can a mind be
and not fall out of the head
of its pitiful owner, I'm
just asking, and you're just
answering, very heavy, heavier
than heavy water, than cobble-
stones for bridges or used
as missles, the mind is tough, but
there are limits to its capacity,
beyond which a leaning head
threatens the planted foot
with a fall like ice off a roof

(blues)

forståelse medfører vold, sprog er derfor
en farlig sag, medmindre det gøres svært
at opfatte ved fordrejet udtale, kryptiske
udtryk, mærkelig syntaks, sær udsigelse
og dystert emnevalg, alt sammen egnet
til at fremme verdensfreden, idet tanker
og lignende indhold fratages udtryk eller
forbeholdes enkelte udvalgte mennesker
med tavshedspligt; så såre vi forstår, hvad
nogen siger, gør vi bedst i at tage benene

(på nakken)

understanding involves violence, language is
thus a dangerous business, unless we make it
difficult to grasp by using distorted expressions,
cryptic sayings, odd syntax, queer enunciations
and gloomy subject matter, all of it intended to
promote world peace, in that thoughts and similar
content are thus barred from being expressed
or reserved for certain particularly qualified people
with confidentiality; as soon as we understand
what someone is saying, it's best to start running

(and not look back)

vi gør to ting, den ene er at leve stadig mere,
den anden at dø stadig mere, begge dele samtidig
og stadig mere, og for så vidt vi lever, hviler sproget sig,
mens det, for så vidt vi dør, rejser sig og går sine egne veje

(for så vidt)

we do two things, the one is to live increasingly,
the other is to die increasingly, both at the same time
and increasingly, and to the extent that we live, language rests,
whereas, to the extent that we die, it gets up and goes its own way

(to the extent)

hvis jeg var selvmordsbomber,
af profession, så at sige, ville jeg
vælge et øde sted, klatre op på en
stor sten, koncentrere mig stærkt
om verdens mest vanvittige, stupide,
ildelugtende og i enhver henseende
frastødende ideer, fremkalde, fastholde,
gennemgå deres træk ganske nøjagtigt
for mit indre blik og øre, og så, når alt
var klart, aktivere detonatoren i bæltet

(goodbye, ideas)

if I were a suicide bomber, by profession,
so to speak, I would choose a deserted
place, climb up on a big boulder, focus
my mind intensely on the world's most
insane, stupid, malodorous, and in every
respect repulsive ideas, evoke and display
them, scrutinize their features very precisely
before my inner eye and ear, and then,
when all finally was totally clear,
I would activate the detonator in my belt

(goodbye, ideas)

om sjælen dette: livet er et værksted,
og værket vokser og skrumper, indtil
vi signerer det ved at afgå fra perron
3, nu begynder vi at hjemsøge andre
mennesker i deres søvn, dagdrømme
og absencer, vi går igen, og i egenskab
af spøgelser bliver vi endelig til sjæle

(de anima)

on the soul, this: life is a workshop,
and the work grows and shrinks until
we sign it by departing from platform
3, now we begin to haunt other people
in their sleep, in their daydreams and
delusions, make appearances, and so
in the form of ghosts we become souls

(de anima)

han skrev: mine ord dør, hvis jeg forlader dem, de lever, hvis jeg
efterlever dem, idet jeg dør for dem, for så drikker de mit blod, og
ord er tørstige, de kan leve evigt, men kun ernæret af denne væske

(vampyrisk lingvistik)

he wrote: my words die if I leave them, they live if I comply with them, in that I die for them, because then they drink my blood and words are thirsty, they can live forever, but only fed by this liquid

(vampiric linguistics)

jeg tager toget i den ene retning og køber billet
til toget i modsat retning, det ene afgår om lidt,
det andet også om lidt, jeg sender mine skygger
med hvert sit tog og står skyggeløs tilbage

(billedlig tale)

taking the train in one direction I buy a ticket
for the train going in the opposite direction, one
departs soon, the other also soon, I cast my shadows
with each of the trains and stand behind shadowless

(figurative speech)

En mand snublede over en snedrive
Og faldt ud på kørebanen, politiet
Rejste ham op, og han gik videre,
Indtil han faldt over en snedrive,
Og politiet rejste ham op; efter
Endnu et fald over en snedrive
Blev han arresteret af politiet

(ohio by night)

A man tripped over a snowbank
And fell into the street, the police
Picked him up, and on he walked,
Until he fell over a snowbank,
And the police picked him up; after
Falling over yet another snowbank
He was arrested by the police

(ohio by night)

en linje varer 3 sekunder, så nu er der gået 3 sekunder,
for os begge, vel at mærke, og man skal give hinanden
tid, det har vi nu gjort, og regnskabet går meget fint op

a line lasts 3 seconds, so now 3 seconds have passed
for both of us, that is, and we have to give each other
time, as we've now done, so the checkbook balances

En kvinde blev arresteret for tyveri af et antal bukser
Fra butikken True Religion Jeans, og en mand blev
Ved et busstoppested berøvet 2 $ af en våbenløs
Person, som flygtede gennem mange baghaver

(politirapport)

A woman was arrested for stealing a quantity of pants
From the store True Religion Jeans, and a man who
Waited at a bus stop was robbed of $2.00 by an
Unarmed person, who fled through many backyards

(police blotter)

sneen smelter og næsten smiler,
mens solen skinner, og fuglene
gør, hvad de skal, mens jeg ikke
ved, hvad jeg skal, bare at det er
tilfældet og haster meget, kalder
man på mig? – gid jeg var en fugl

the snow melts and nearly smiles,
while the sun shines, and the birds
do what they must do, while I don't
know what I must do, only that it's
the case and very urgent, is someone
calling for me?—wish I were a bird

FROM *ELEGI. POESI* /
ELEGY. POETRY (2013)

100

engang skrev jeg en lille sang
om solopgangen, til en politisk
rockgruppe, og jeg mener at huske
solens opgang som en betydningsfuld
begivenhed i det historiske perspektiv,
hvorom der synges skulle; noderne
faldt ud af en flyttekasse for nylig
og ligger nu bag klaveret et sted;
hvad solen angår, står den
stadig ind imellem op

100

I once wrote a little song
on the sunrise, for a political
rock group, and I seem to recall
the sun's rising being a meaningful
occurrence in the historical perspective,
deserving of a song; the sheet music fell
out of a moving box recently and is
now somewhere behind the piano;
concerning the sun, it still rises
every once in a while

99

nej det er ikke helt så let
som man først skulle tro
at få vejret når det sorte
intet slår sine kløer i folk
som man bærer i sit indre
herunder hjerte og lunger
hænder køn hjerne med
samt de sansende organer
og deres sorg regn vind ild
jord ild sorg vind lys

99

no it's not quite as easy as
you might at first think to
regain your breath when the
black nothingness sinks its
claws into people you carry
inside yourself including heart
lungs sexual parts brain and
organs of sensation along with
their sorrow rain wind fire
earth fire sorrow wind light

98

i dag begyndte foråret, står der i min kalender,
og hvad skulle man gøre uden dén, når store
afgørelser skal træffes, såsom foråret, vi må
vide, hvad dagen hedder, og hvad den skal
bruges til, hvis navn den bærer, og hvilken
guddom vi skal dyrke, hylde og fejre på den,
hvis den ellers står i de andres kalender og her
nævner de samme himmelske navne; tiden
er vores princippers princip, her bor festen
og tanken, alt, hvad vi deler; i morgen: forår

98

spring started today, according to my calendar,
which is a most helpful thing to have, when big
decisions need to be made, like spring, we must
know what the day is called, and what it should
be used for, whose name it bears, and which
deity we should praise, worship, and celebrate,
provided it's found on other people's calendars
carrying the same heavenly names; time is the
principle of our principles, here dwell feast and
thought, everything we share; tomorrow: spring

97

mens præsidenterne smadrer de genstridige byer,
tager fruerne skumbad i deres rosa gemakker,
og ellers fortsætter livet, folk holder taler på torvene,
hvis elektriciteten tillader det, eller spiller kort
på fortovene, hvis snigskytterne tillader det, ellers
i kældrene, hvis rotter intet aner om tilstandene
i vor art, disse kan ikke anbefales, problemet er
vand og fødevarer, ligene i gaderne, problemet er
angsten, også den, som gør unge menneskekroppe
til præsidentens bedøvede dræbere, som intet aner

97

while the presidents smash away at those stubborn cities,
their ladies take bubble baths in their rosy pink apartments,
and life goes on, people give speeches in the squares,
if the electricity allows for it, or play cards on the sidewalk
if the snipers allow for it, otherwise in the basements,
whose rats know nothing about the conditions affecting our
species, these cannot be recommended, the problem is
water and food supplies, corpses in the street, the problem is
dread, including the one that turns young human bodies
into the president's dazed killers, who haven't got a clue

96

jeg tænder op med nedfaldne grene,
brændet stønner og jamrer som i en
reportage fra skærsilden, røgen buldrer
ud i rummet og slører verden, tårerne
strømmer, alt er sørgeligt, ikke et ord
får man frem, træerne må have syndet
stygt og bagtalt det høje i deres samtaler,
siden røgen sortner så vandret, så afvist
af himlen, flammernes tunger spytter
og forbander deres meningsløse job

(røgkvalt)

96

I kindle a fire with windfallen branches,
the wood moans and whimpers as if it
were reporting from purgatory, the smoke
billows into the room and blurs the world,
tears stream, everything is sad, you can't
get a word out, the trees must have sinned
nastily and slandered the one on high,
given how the smoke darkens and moves so
sideways, so refused by heaven, the tongues
of flame spit and curse their meaningless job

(smoked out)

95
og telefonen knaser, fuld af parasitter,
det er små gnavere, der lever af stemmer,
og deres fordøjelse er ikke lydefri, især
hvis du råber, sukker, synger eller på anden
måde åbenbarer køn eller sjæl i stedet for
at bruge sproget til rent kommunikative formål,
såsom at afgive en vejrmelding, at erklære krig
eller at diskutere det forestående valg, disse ting
fordrer en vis monotoni af hensyn til autoriteten,
og de smager ikke af noget, så linjen bliver støjfri

95

and the telephone crackles, full of parasites,
they are small rodents that feed on voices,
and their digestion is not soundless, especially
if you shout, sigh, sing, or otherwise let on
about your sexual state or soul instead of using
language for its purely communicative purpose,
such as giving a weather report, or declaring war,
or discussing the upcoming election, these things
demand a certain monotony due to assumed authority,
they taste of nothing, so the line becomes noiseless

94

katten springer op på min computer
og brækker sig, det må betyde noget,
skulle man tro, katte bruger ikke så
mange metaforer, men denne virker
magtfuld, han ser på mig med et fast
blik og ryster så på det sorte hoved,
jeg ved, han mener det godt, også
når han må være lidt kritisk, og det er
sundt at få at vide, hvad andre mener,
måske skulle jeg lade skriften hvile

94

the cat jumps up onto my computer
and vomits, that has to mean something
one would think, cats don't usually traffic
in metaphors, but this one impresses me
powerfully, he looks at me with a steady
glance then shakes his black head, and
I know he means well, even when he must
be a little critical, and it sure is healthy
to know what others are thinking, so
maybe I should give the writing a rest

93

dagen bliver nat, toget skramler
mod syd, mørket bliver hårdt og
fuldt af spejle, de befolker kupeen
med ånder, disse ligner mig lidt, men
de er ældre eller yngre, mere døde
eller mere levende, så farveløse
som de kropsløse skal være, mens
det sortner over os; sådan ender vi
i en forsamling af øjne stirrende
hårdt fra alle sider, fra tiderne

93

day turns into night, the train rattles
to the south, the darkness becomes
hard and full of mirrors, they populate
the car with spirits, these resemble me
a little, but they are older or younger,
more dead or more alive, as colorless
as the bodiless must be, meanwhile
it grows dark about us; thus we end
in a congregation of eyes staring
hard from all sides, from the ages

92

en ildevarslende tavshed råder
over kontinenterne, kun afbrudt
af eksplosioner: vulkanudbrud,
sprængninger, nedsmeltninger,
småkrige, det er punktuationen
på en tekstløs side, som skulle
rumme historien, men den vil
ikke skrives, ingen vil røre den,
en stilstand af inerti og raseri
råder, det er næppe det rigtige

(ord)

92

an ominous silence reigns over
the continents, interrupted only
by explosions: volcanic erruptions,
blastings, meltdowns, small wars,
it is punctuation on a textless page
that ought to hold the story, but it
doesn't want to be written, no one
wants to touch it, a standstill
composed of inertia and rage
reigns, that is hardly the right

(word)

91

indespærringssyndromet: låst fast i en lammet krop,
kun med øjets bevidste blinken som mulig metode
til symbolisering, hvis nogen ellers opdager kanalen
og tænker på at bruge den som skrivemaskine, ellers
ingenting, kun tid og vågenhedens uudholdelige vægt;
dette var en drøm, jeg vender nu tilbage til kroppen, som
ikke er lammet og kan vinke med arme og ben, men så
melder syndromet sig ikke desto mindre, jeg er låst fast
i mig selv som et selv, der er lammet af sig selv, sprogets
øje blinker, mens minutviseren tikker dødt over skiven

91

the locked-in syndrome: confined in a paralyzed body,
with only the eye's deliberate blink as a possible means for
symbolizing, if someone happens to discover the channel
and thinks to use it as a typewriter, otherwise nothing,
only time and the unbearable weight of being awake;
that was a dream, now I'm going back to a body that
isn't paralyzed and can wave its arms and legs, but still
the syndrome reveals itself again, I am confined in myself
as a self that is paralyzed by itself, the eye of language
blinks while the minute hand ticks deadly over the dial

90

pludselig lykke, et menneske
fra for 400 år siden sender en mail
i form af en lille sang, der lægger sig
lig en drømmende tiger midt i lokalet
mellem kabler, noder og tællelys
for at spinde sig gennem ben og
marv, han havde vekslet et blik
med sin elskede og var nu klar
til evigheden, for nøgterntberuset
til andet end musik og kærtegn

(ben jonson)

90
sudden happiness, a person
from 400 years ago sends an email
in the form of a little song that crouches
like a dreaming tiger in the room
among cables, notes, and tallow candles
to spin itself through bone and
marrow, he had exchanged a glance
with his lover and was now ready
for the hereafter, too sober-drunken
for anything but music and caresses

(ben jonson)

89
vi kan ikke ikke kommunikere,
mente man i palo alto, altså
behøvede man ikke at forsøge,
vi er altid på scenen, for enhver
scene står på en anden større scene,
og således i det uendelige, indtil
vi bliver tavse skygger på et lærred
bevæget af vinden, sandet, lyset,
engang når kommunikationen
har fået det allersidste ord

                    (lille scene)

89

we cannot not communicate,
thought people in palo alto, thus
one didn't even need to try since
we are always on stage, and every
stage is on another larger stage,
continuing into infinity, until
we become mute shadows on
a canvas moved by wind, sand,
light, once the communication
has gotten the very last word

(small stage)

88

man går omkring med en art børsnotering
på brystet, svagt lysende, oplysende, om
denne persons værdi, betydning, magt og
herlighed, alt efter dagens forhandlinger,
bagtalelser og fortalelser, og hvis nogen
får den dårlige idé at beskyde denne tavle
forfra, kan han vente sig det værste, hvilket
i vor art vil sige en hel del; mere tilrådeligt
er det forsøge bagfra, men bedst at lukke
øjnene og bare tale, som var der hul igennem

88

people walk around with a sort of stock index
displayed on their chests, faintly lit, informing
us of that one's worth, meaning, power, and
repute, based on the day's negotiations, its
blabbings and blurtings, and if someone gets
the bad idea of firing directly at that target,
he should expect the worst, which with our species
means a whole lot; it is more advisable to attack
from behind but best to shut your eyes and
just talk, as if there was a way of getting through

84
jeg er her nu,
så vidt så godt,
men *hvor* det er,
og *hvem* det er,
der er, er ikke
helt klart, men det
vil tiden nok vise,
engang, når den får
tid, og min her
ikke står i vejen

(4)

84

I am here now,
that's well and good,
but *where* that is
and *who* this is
is not entirely clear,
but time may tell,
once it has the
time to do so,
and my time doesn't
stand in the way

(4)

83
efterhånden er det blevet svært at
finde hoved eller hale, man kan dog
kritisere politiet, som er fra jylland,
eller en gade i new york eller endelig
skæbnen og menneskets mange synder;
til sidst sætter man sig ned med hovedet
og flasken i hænderne og råber på højere
magter, men der er ingen højere, kun lave
magter, vi har lidt selv, til at lægge armen
om halsen på en eller anden og dele noget

83
gradually it has gotten difficult to
make head or tail, but one can criticize
the police, who come from jutland,
or a street in new york or even fate
and humankind's numerous sins;
in the end you sit down with head
and bottle in hands and scream at the
higher powers, but there are no higher
only low powers, we have a bit ourselves,
to put an arm around someone and share

81

nyere forskning har vist, at kommunikation
og tænkning hænger sammen, men på en
mærkelig måde: hastigheden påvirker dem
modsat; jo hurtigere man kommunikerer, jo
mindre tænker man, og jo langsommere,
desto mere tænkning når at smutte med i det
kommunikerede; dette er forskellen mellem
poesi og børsnoteringer, selv om begge nok
tænker lidt, og meget hurtig poesi lige så lidt
som aktiekurser; poesi skal derfor være *svær*

81

recent research shows that communication
and thought are related, but in an odd way:
the rate of speed has an inverse effect on
them; the faster one communicates, the less
one thinks, and the slower one communicates
the more thought is able to slip into what's
communicated; this is the difference between
poetry and stocks, even though both do a little
thinking, and very fast poetry does just as little
as stock rates; poetry must therefore be *difficult*

80

mine artsfællers spraglede følelser vælter ind
i min kommunikationsmaskine, hvorfra knive,
æg, tomater, brændestykker, kødædende planter
osv. langsomt spyttes ud eller falder lig isklumper
i en meget amerikansk køkkenfryser, og det lyder
som sten fra et plaget hjerte, maskinen ånder lettet op,
mens jeg til gengæld ånder tynget ned, kommunikation
bør begrænses af hensyn til kærlighedens mulighed,
der må f. eks. kun kommunikeres én følelse pr. dag,
så vil verden kysse sig selv på begge kinder

(essay)

80

my fellow species' gaudy feelings pour into
my communications' machine, from which knives,
eggs, tomatoes, firewood, flesh-eating plants,
etc. are slowly spit out or fall like ice cubes from
a very american refrigerator, and it sounds like
stones from a tormented heart, the machine breathes
a sigh of relief, while I breathe sighs of burden,
communication must be limited in the interests of love,
there may be, for example, only one feeling communicated
per day, then the world will kiss itself on both cheeks

(essay)

79

stenansigter, barekomanansigter,
gummiansigter, frikadelleansigter,
hystadeansigter, monumentansigter,
bananasansigter, bananskrælansigter,
orgasmeansigter, suicidalansigter,
finansansigter, indremissionsansigter,
relativistansigter, charlatanansigter,
elefantansigter, musikanmelderansigter,
direktøransigter, elskmigforevigtansigter,
spionansigter, frisøransigter, engleansigter

(dødsmasker)

79

stone faces, make-my-day faces,
rubber faces, meatball faces,
hysteria faces, monument faces,
bananas faces, banana peel faces,
orgasm faces, suicidal faces,
finance faces, inner-missionary faces,
relativist faces, charlatan faces,
elephant faces, music reviewer faces,
director faces, love-me-forever faces,
spy faces, hair stylist faces, angel faces

(death masks)

78
gravpladser er kraftværker
for sjæle iført kroppe, bestrålet
af hellighedens energi, genius
loci, præsterne danser, beåndet
af de dødes fraværende nærvær,
kroppene danser med fraværet,
forvandles til ånder af fraværets
berøring, belæring, bevægen,
nu lyser de brændende hvidligt
og ryster de levende vinger

(åndsliv)

78
burial sites are power stations
for souls dressed in bodies, lit
by the energy of holiness, genius
loci, the priests dance, inspired
by the absent presence of the dead,
the bodies dance with this absence,
turn into spirits from being touched,
taught, moved by absence, now
they shine burning whitely
and shake their living wings

(spiritual life)

77

jeg er teksten, jeg vender mig om
efter dig, når du er død, og råber
om ting, du ikke længere husker
eller vil vide, og du, du råber ikke
tilbage, det forbyder din tilstand,
du svarer ikke, mens jeg kalder
og ofte kalder din skygge til live:
den svæver blandt andre skygger
på væggen, men sætter ingen spor,
jeg har vægt, mens du er vægtløs

77

I am the text, I turn myself around
after you, when you are dead, and
shout about things you no longer
remember or want to know, and you,
you don't shout back, your condition
prohibits it, you don't answer, while
I call and often call your shade to life:
it drifts among other shades on the wall,
but doesn't leave any footprints,
I have weight, but you are weightless

76

mærkelige enkeltheder såsom et lagen
i mexico, en negl i californien, et ukendt
ansigt, lyden af godstogets bremser
over viadukten i cleveland, disse ting,
som ikke går op i nogen højere enhed,
et motel i argentina og glasmosaikken
over marmortrapperne i et hotel, som er
forsvundet, et ustemt klaver i en ruin på
vesterbro, og en bygning, hvori elskov
fandt sted, udraderet af et jordskælv

(my favorite things)

76

very unusual particulars such as a sheet
in mexico, a nail in california, an un-
known face, the sound of brakes from
the freight train over the viaduct in
cleveland, these things that don't form
any synthesis, a motel in argentina and
the glass mosaic over the marble steps
in a hotel, which has disappeared, an untuned
piano in a ruin in vesterbro, and a building
in which love took place, razed by an earthquake

(my favorite things)

75

nyere forskning har vist, at personer,
der bliver bange, også let bliver onde,
de sparker for eksempel hinanden ud
af redningsbåden eller stjæler brødet
fra sultende venner, de fleste har dog
behov for en spirituel forklaring til
senere brug, de omkomne var urene
og holdt ikke af deres land og kopu-
lerede med får, handlingen var ment
som en slags rensning og gudstjeneste

(etik)

75

recent research has revealed that persons
who are frightened can easily become evil,
too, for instance they throw each other out
of lifeboats or steal bread from their starving
friends, the majority however feel the need
for a spiritual explanation, to be used at a
later time, the victims were impure and did
not appreciate their country and copulated
with sheep, the action was meant as a kind
of cleansing ceremony and service to god

(ethic)

74

jeg skrev engang, at det intime liv var
et slimhindefællesskab, en skriftlig lyst-
ighed, som blev taget mig ilde op, med
rette, for det er et smertefællesskab, man
deler smerten påført af andre mennesker,
og man bidrager selv med tilføjelsen af
yderligere smerte til fællesskabet, idet
man sårer mere, end godt er, så meget,
at det kan kaldes usigeligt, med rette, for
tavsheden definerer netop det intime liv

74

I once wrote that the intimate life was
a mucous-membrane-community, and
got burned for my written merriment,
quite rightly, because it's a community
of pain, you share the pain inflicted by
other people, and you contribute your
own additional pains to the communal
hurt by hurting more than is fair, so much
that it could be called unspeakable, quite
rightly, for silence defines intimate life

73

jeg hører ikke til, undskyld,
det hører sig ellers til, det
ved jeg, men nej, tilhørelse
er ikke min sag, og landene
klarer sig udmærket uden mig,
folkenes folkeslag ligeledes,
etnisk vildskab er fristende,
men raseri falder mig allerede
let, så nej, jeg hører, når nogen
kalder, men ikke for at adlyde

(non serviam)

73

I'm no part of it, sorry, to be
is to belong, I know, but no,
being a part of it is not my thing,
and the nations can get along fine
without me, same for the peoples'
people, too, ethnic savagery is
tempting, but rage already comes
easily to me, so no, I'm no part,
I hear it when someone calls me
but I don't intend to answer

                          (non serviam)

72

en fattig mand sætter sig ned på en sten
og spiller på én streng, det går gennem marv
og ben, ikke lyden, men musikken i lyden,
der kommer fra en skikkelse i vejkanten,
næsten ubevægelig, uafviselig som dette
at være i live og vide, hvad det kan koste,
det ved lyden ikke noget om, kun hånden
på buen husker tydeligt, hvordan evighedens
ansigt ser ud, ikke så kønt, selv når det smiler,
det ser lukt igennem dig og ind i sig selv

(incurvatus in se)

72

a poor man sits himself down on a stone
and plays a string, it goes right through you,
not the sound, but the music in the sound,
which comes from a figure on the roadside,
nearly motionless, imperative as being alive
and knowing what it costs to be alive, the sound
knows nothing about that, only the hand holding
the bow remembers clearly what eternity's face
looks like, not so lovely, even when it smiles,
it looks straight through you and into itself

(incurvatus in se)

71

så falder det ene træ, så falder det andet,
så falder stenene ud af muren, så muren selv,
stenløs; tyngdekraften falder ingen vegne, men
den bidrager til at stabilisere livet på planeten,
her ligger man ikke trygt i kronerne, træernes,
murenes, bankernes, disse falder en efter en,
med den kendte dumpe lyd af ting, der opgiver
ånden, det lyder ikke godt, men døv bliver man
af bragene, til sidst vil man ikke vide, hvad der er
op og ned, og hvor det var, man ville være

71

so one tree falls, then another tree falls,
then the stones fall out of the wall, then the wall
itself, un-stoned, falls; gravity doesn't fall, but
it contributes to stabilizing life on the planet,
here you don't lie safely in the tops of the trees,
the walls, the banks, one after another they fall
with the familiar thud of things that relinquish
their spirits, it doesn't sound good, but the crashes
deafen you, in the end you won't know what's up
and what's down, or where it was you wished to be

70

vanvid og hverdag, en lys vintermorgen,
himlen høj, rimfrosten glimtende over
græs og grus, jeg åbner mine skodder
og trækker vejr, skuer verden, lytter
til ravnenes kollokvium i trætoppene,
de kloge dyr er ved at udtænke og
diskutere en politisk orden efter denne,
fabrikkerne brænder, skibene synker,
psykoserne vokser langs murene som
vedbend, menneskene står helt stille

70

insanity and everyday, a bright winter morning,
the sky high, the hoarfrost glistening on grass
and gravel, I open my shutters and take a breath,
behold the world, listen to the ravens holding
a symposium in the treetops, the wise animals
are about to invent and discuss a political order
to follow the current one, the factories are burning,
the ships are sinking, the psychoses are growing
up the walls like ivy, the folks of my species
are standing there, completely motionless

69

meningsløsheden i det intime liv
kan let standses, blot man standser
det intime liv; det bør helt aflyses,
for kun i det intime liv lever intimt
den del af et menneske, som ingen
andre ved deres fulde fem vil have
at gøre med, den lever og udvikler
sine særlige meningsløse metoder
uden opsyn, bortset fra den anden,
hvis opsyn er intimt, meningsløst

69
meaninglessness in the intimate life
can be easily stopped, as long as you
stop the intimate life; the latter ought to be
totally cancelled, since only in intimate life
does the intimate part of a person, which
no one else with half a brain would have
anything to do with, live and propound
its special meaningless methods without
surveillance, apart from the partner's, whose
watching is intimate, thus meaningless

68

først går verden forlæns, så går den
baglæns, og så forlæns igen, med en
grim bule i nakken fra gamle dages
skænderier og dertil hørende krige,
der vender tilbage som sten kastet op
i den blå luft eller forsmåede kredi-
torer, intet kan standse dem, kvinderne
bærer sorte poser over hele kroppen og
snakker sort, det lyder som baglæns
litanier fra en tid af aske og sort mælk

68

first the world goes forward, then it goes
backward, and then forward again, with
an ugly bump on the back of its head from
former quarrels and accompanying wars
that come back like stones tossed up in
the blue air, or unpaid creditors, nothing
can stop them, the women wear black bags
over their entire bodies and they talk in
nonsense, it sounds like backward litanies
from an age of ashes and black milk

67

man går så langt man kan, dvs. indtil
man bliver standset af politiet eller
fysikkens love eller kroppens eller
de kræfter, der holder én på benene,
og mens man befinder sig i denne
spændte tilstand, leverer man sit
udsagn, signeret dels af materien,
dels af ens subjekt; denne dobbelte
signatur aflæses som eneste gyldige
eksistensmåde for den slags udsagn

(poetik)

67

you go as far as you can, i.e. until
you are stopped by the police or the
laws of physics or your own body or
the forces that keep you on your feet,
and when you find yourself in such a
predicament you produce your state-
ment, signed in part by matter, in part
by your own hand; this dual signature
counts or reads as the only valid mode
of existence for this kind of statement

(poetics)

65

jeg vågner sent efter en tung og sørgelig søvn,
tingene gik galt, og derefter gik de igen galt,
men så kom der en korrigerende drøm, hvor
tingene gik rigtig skrigende galt, ikke bare
ved pinlighed, men ved en begivenhed, som
først ikke kunne tænkes, derefter heller ikke
huskes, bortset fra ophidselsen, intens, bidende,
det er igen gråvejr, jeg slår skodderne fra,
byens klokker bimler uden grund, af gammel
vane, man skal altid gøre, som man plejer

65

I wake late after a heavy and sorrowful sleep,
things went badly, and afterward badly again,
but then came a revised dream in which things
went really appallingly badly, not simply by their
being embarrassing, but from an event which at first
I couldn't get my mind around, and afterward
couldn't remember, except for the intense, biting
excitement, it is another gray day, I open the shutters,
the city's bells clang without reason, out of old habit,
which tells them always do as you've always done

62

hver gang vi tænker på den samme ting,
tager hjernen en ny kopi af sagen, så vi
roligt kan vende og vride den, rive den
i bittesmå stykker og sætte dem forkert
sammen igen, uden at sagen tager den
mindste skade, og sådan bliver friske
tanker også om overgemte ting mulige,
men til sidst bliver hjernen ked og træt
af de mange ophobede kopier: de må slettes,
det kræver ordentlig musik eller whisky

(kognitiv zen)

62

every time we think about the same thing,
the brain makes a new copy of the idea, so
we can safely twist and turn it, tear it into
tiny little bits and put it back together again
in the wrong order, without the idea having
suffered in the least, and that's what makes
fresh thoughts even about stale things possible,
but in the end the brain grows bored and tired
of all the heaps of copies: they must be erased,
which takes some decent music or a whiskey

(cognitive zen)

60

jeg står midt på gaden og spejder
efter en rødhåret kat, der lige forsvandt
bag et hushjørne, jeg er standset her
for at kommunikere, men der er ingen,
kun tusmørket og de gamle, slidte sten
omgiver mig, dyrets veje er uransagelige,
der er mærkeligt stille, slukkede vinduer
bag skodder, døre, der hentæres på deres
hængsler, tiden er lang og tynd, den kan
være knækket, jeg stirrer ind i en mur

(tiden står stille)

60

I stand in the middle of the street looking
for an orange tabby cat that just disappeared
behind the corner of a house, I stopped here
in order to communicate, but there's no one,
just the twilight and the old, worn stones
around me, the ways of animal are inscrutable,
it is peculiarly quiet, windows unlit behind
shutters, doors that are rotting away on their
hinges, time is long and thin, it may well
be broken to pieces, I stare into a wall

(time stands still)

59
døden kommer forbi og dasker til køerne
med sin stok, så fluerne farer sammen og dør,
hun slår på husdørene med stokken, og folkene
farer sammen, gemmer sig under senge og i kældre,
ned må man søge, ned i mørket, hvor døden kommer fra,
netop, herfra længes man mod lyset, vender blikket mod det
høje, hvor livet kommer fra, så langt langt herfra, men døden
åbner alle skabe, kælderlemme, finder alle jordhuler, katakomber,
hjemmevant, og mønstrer alle sine skabninger, takker dem for at følge
deres hyrde så lydigt, at man næsten må le, det gør hun, hvidtandet
    under sin kutte

(go gently)

59

death comes by and smacks the cows
with her cane, so their flies startle and die,
she strikes her cane against the doors of houses,
and people startle and hide themselves under beds, in
basements, down they must go, down and seek the dark, right
where death comes from, from here they long for the light, turn
their gazes to the one on high, where life comes from, so far away,
but death opens every cupboard, trapdoor, easily, every hole in the
ground, catacomb, inspects all her creatures, thanking them for following
their shepherdess so obediently one almost can't help laughing, as she does,
    white-toothed under her cowl

(go gently)

58

om kærligheden kan meget endnu siges,
blandt andet dette, at den er kunsternes
oprindelse: formålsløs hengivelse under
opbud af ualmindelig koncentration er
påkrævet, må demonstreres, bliver så
besvaret med kærtegn, som frembyder
formålsløs hengivelse under opbud af
ualmindelig koncentration; derfor er
kunst med nødvendighed både intim
og offentlig, teater og hemmelighed

58

about love there is still much to say,
for instance, that it is where the arts
originate: pointless abandonment to
powers of unusal concentration is
needed, must be shown, this is then
rewarded with caresses, which in turn
demonstrate pointless abandonment
to powers of unusual concentration;
art is thus, by necessity, both intimate
and public, theater and secretiveness

56

et storstilet kapløb er aftalt mellem naturen
og kulturen, det vil sige katastroferne og
krigene, med henblik på at afgøre, hvordan
befolkningen bedst reduceres til et bæredygtigt
niveau, ved den kaotisk-kausale metode eller
ved den systematisk-finale løsning; fordelen
ved den sidste er, at vi både giver og modtager
effekten, hvilket er en stor tilfredsstillelse,
mens det er ydmygende kun at tage imod;
de kæmpende magter synes jævnbyrdige

56

a spectacular race is arranged between nature
and culture, that is, between the catastrophes
and the wars, in an effort to decide how best
to reduce the population to a sustainable level,
through the chaotic-causal-method or through
the systematic-final-solution; the advantage
with the latter is that we both give and receive
the effect, which is a tremendous satisfaction,
while it is humiliating just to be the recipient;
the competing forces seem equally matched

55

hvor længe kan man fortsætte, løbe eller
cykle uden hænder på styret og uden at ane,
hvor man er, i tæt tåge, man forestiller sig
et landskab derude, og man bevæger sig
meter for meter langs et eller andet,
mens man mærker, at sporet er forkert
og vil ende blindt, og man kender ingen
alternativer til sporet, og den der standser
i tågen bliver ramt bagfra af den blinde
trafik, og ingen kan vågne fra det virkelige

55

how long can you keep going, running or
biking with no hands on the handlebars, with
no clue of where you are, in a dense fog,
imagining a landscape out there, and yourself
moving a meter at a time along something or other,
while sensing that the path is wrong and will lead
to a dead end, and not knowing any alternative
to this path, and knowing that everyone who stops
in the fog will get hit from behind by the blind
traffic, and that no one can wake up from the real

54

miskundhed, eftergivelse af gæld ved fallit,
man kan slet ikke få armene ned, de rækker
til himlene, dvs. op, når tilgivelsen rammer
ens person, også i modsat fald, idet man netop
har stoppet hel bank i lommen og er på vej til
julegudstjeneste for at besynge valutaen og alle
dens engle og hallejulanisser med vinger fra
ørerne, lad os nu bare glemme alle regnskaber
og vente til i morgen med at sende rockerne
for at få dem respekteret indtil mindste døjt

54

amazing grace, debt cancellation by bankruptcy,
you simply can't get your arms down, they reach
for the skies, i.e. up, when pardon strikes a person,
and the same in the opposite case, when you have
just stuffed the entire bank in your pockets and head
for the christmas service in order to celebrate currency
and all its angels and little hallelujah elves with wings
coming out of their ears, let's just forget all accounting
and wait until tomorrow before sending the hell's angels
to have balances observed down to the last penny

52

ingenting begynder nu,
du stirrer ind i det med dit
indre røntgenblik, det begynder
virkelig, en svagt grålig skygge
lægger sig omkring ting og dyr
ved siden af den kendte blåsorte
og en summende klang af glemsel
omkring deres lyd, dine tanker
begynder at støje uforklarligt:
det er ingenting, der kommer

52
nothing starts now,
you stare into it with your
inner x-ray vision, it starts
for real, a faint grayish shadow
falls over things and animals
along with the familiar blue-black
and a humming tone of oblivion
around their sound, your thoughts
start to make noises inexplicably:
it is nothing that's coming

51

uroen vokser på marken, på markedet, i bjergene,
den vokser i byen, i sengen, på gaderne, i skoven,
på havnen, i templerne, bankerne, hæren, og vækst
er virkelighed, alt vokser, skægget, neglene, uroen,
i munden vokser den, hvor sproget skulle have været,
på huden slår den ud som rosenbuketter, i øjnene
som fløjtende morgentåge, der vokser og bliver et træ,
væltet med et brag af uroen, jorden skutter sig, havet
skutter sig, din krop ryster, er det af ånd eller kød, af køn,
angst eller ømhed, en slags hilsen, en slags gren i vinden

(vækstens økonomi)

51

unrest grows in the field, in the market, in the mountains,
it grows in the city, in bed, on the streets, in the woods,
at the harbor, in the temples, the banks, the army, and growth
is reality, everything grows, beard, nails, unrest, it grows
in the mouth, where language should have been, on the skin
it breaks out like bouquets of roses, into the eyes it comes like
whistling morning fog that grows and becomes a tree, toppled
over by unrest, the earth shudders, the sea shudders, your body
shakes, is it on account of the spirit or the flesh, from your sex,
dread or ache, a kind of greeting, a kind of branch in the wind

(growth economy)

50
tilværelsen, for satan da,
skulle det ikke være muligt
at få et eller andet forhold til
dén, selv om den hverken kan
spises eller sælges, siden ingen
vil have den, så den må henstå
indtil udløbsdato, men alligevel:
bliv i det mindste sentimental,
husk noget, der var til, noget
tilfældigt, der skete og blev *dig*

(livshistorie)

50

existence, for god's sake,
shouldn't it be possible to
have a relationship of some
kind to it, even if it can't be
eaten or sold, since no one
wants it, and it has to remain
until its expiration date, still:
get at least a tad sentimental,
remember something, some
random thing that became *you*

(life story)

49

hvorfor skulle man rase,
når intet er hændt, dvs.
ingenting er sket, sårede
dyr trækker sig tilbage,
derfor er rummet tomt
og meget stille, træerne
er høje, gamle, og ytrer
sig ikke mere om noget,
kun øksen får dem til at
sige noget, såsom farvel

49

why should one rant and rage
when nothing has occurred, i.e.
nothing has happened, wounded
animals beat a hasty retreat,
that's why the space is empty
and very quiet, the trees are
tall, old, and no longer express
their opinions on anything, only
an ax could get them to
say something, like goodbye

48

den ene skrev, at græsset
rejser sig efter hans skridt,
den anden skrev, at skoene
ikke efterlader spor i byens
sten, og jeg, som sidder her,
at stenene ikke kan fortjene
min empati, eftersom de ikke
rejser sig, hvad der end sker
og foregår hen over deres
små hårde blanke hoveder

(larsen, tranströmer)

48
the first one wrote that the grass
slowly rises after his walking,
the second wrote that his shoes
don't leave behind a trace in the city's
stones, and I, who am sitting here,
write that the stones don't deserve
my sympathy, seeing they don't
rise, no matter what happens
or is done in the space over their
small hard shiny heads

(larsen, tranströmer)

47

men dagen er bred, grå og distræt,
brede blade falder fra vegetationen,
stilheden fra tingene blander sig
med tavsheden fra indbyggerne,
floden løber trindt om land med
en vis værdighed gennem verden,
man skal bare sætte sig bredt ned
et eller andet sted og tænke på
noget meget vigtigt, så vil alt
gå op i en bredere enhed

47

but the day is broad, gray, and distracted,
broad leaves fall from the vegetation,
the quietness of things merges with
the silence of the local inhabitants,
the beautiful, beautiful river flows
with a certain dignity through the world,
you only need to sit down broadly one place
or another and think about something,
something very important, then everything
will come together into a broader unity

44

hun står ved vinduet, som er
malet på væggen, og drømmer
om verden selv, som den er,
på den anden side, vinduet er
åbent og viser nøjagtigt, hvad
der foregår på den anden side,
i hvert fald én dag, ét øjeblik
blandt alle, hvor gaden er tom,
lyset er grågult, og det store træ
langs husmuren sender en gren

(ind)

44

she stands at the window, which
is painted on the wall, and dreams
of the world itself, the way it is,
on the other side, the window is
open and shows exactly what is
going on over on the other side,
at any rate one day, one moment
among all, when the street is empty,
the light is yellowish gray, and the
big tree by the wall sends a branch

(inside)

43

autoritet er at tale til nogen på vegne
af det, der befinder sig hinsides, andetsteds,
på bagsiden af tingene eller på den anden side
af væggen (autoriteten går *ind* og taler ud),
derude, hvor sandheden kommer for en dag,
og hver dag er en åbenbaring, mens vi
trækker hinanden i skægget på denne side,
indersiden, vildt uenige om alt det, der er sandt
på ydersiden; uden en hinsidig yderside ville verden
være et fredeligt og meget anderledes sted

43

authority is to speak to someone on behalf
of what exists beyond, elsewhere, or on
the reverse side of things, on the other side
of the wall, (authority goes *in* and speaks out),
out there where the truth comes into the daylight,
and every day is a revelation, whereas we
pull each other's beard on this side, the inside,
disagreeing wildly about everything that's true
on the outside; without a beyond, the world
would be a peaceful and quite different place

42

hvorfor smiles der så meget, det er
fornærmende for et ærligt ansigt at
blive fortrukket så drastigt i såvel
horisontal som vertikal retning for
i adskillige minutter at ligne noget
frembragt ved grafisk manipulation
i den hensigt at invitere til glemsel
om de elendigheder, vi ellers ville
konfrontere med politisk sænkede
bryn og en tidsel mellem tænderne

42

why is there so much smiling, it is
insulting for an honest face to be
so drastically distorted in either
direction, horizontal or vertical, for
several minutes to look like something
produced by graphic manipulation
in order to wipe into oblivion those
miseries we would otherwise confront
with politically furrowed eyebrows
and a thistle between the teeth

36

man ser en ting og straks den samme på en anden måde,
hvordan den tager sig ud i regnfrakke på vesterbrogade,
og straks i et vægtløst rum uden den mindste regnfrakke,
endsige trevl, iført et blik, hvori en hjerne koger, mens
dens motor brænder under bæltets sted, iført et legeme,
corpus gloriosum, som lyser af galaktisk lyst, en slags
vægtløs glæde, pludselig gave, indgydelse, til værens sære
hyldest, lader rummet forsvinde og lysets hastighed falde
til nul i løbet af ét kærtegn, mens blikket sortner og bliver
stort, lyden går fra hvid knitren til sort rungen, ingenting

36

you see something, then right away you see it differently,
the way it looks in a rain jacket on vesterbrogade, then
suddenly in a weightless room without a trace of rain jacket,
not a stitch, wearing a gaze in which a brain boils, while
its motor burns below the beltline wearing a body, *corpus
gloriosum*, which shines with galactic lust, a kind of
weightless joy, a sudden gift, inspired, an odd tribute to being,
that makes the room vanish and the speed of light fall to zero
in the space of one caress, while the gaze darkens and becomes
large, the sound going from white crackling to black ringing, nothing

34

livet svæver i en tråd under en spinkel gren
på træet, som består af heftigt arbejdende
rødder, en stamme af brovtende dasein og
så grene og grenes grene med henblik på
fotonisk elskov og seksuel omgang med
verden i øvrigt, det vil sige samfundsliv,
vind og vejr, spurve og aber, slanger og
slyngplanter, kort sagt de andre, et kaos
uden lige, uden hvilket tråden ikke ville
svæve videre med sin lille edderkop

34

life hovers on a thread from a slender branch
of a tree with hard-working roots, a trunk of
boastful dasein and then branches and the
branches of branches in preparation for
photonic love and sexual turns with the
world in general, in other words social life,
wind and weather, sparrows and apes, snakes
and climbing plants, in short the others, a chaos
without equal, without which the thread would
not hover any farther with its little spider

29

ansigtet sidder ganske vist uden på hovedet,
men ikke tilstrækkelig langt fra kroppen
til at kunne gøre din identitet virkelig,
find en maske fra den dybe fortid
og træk dens linjer op med tusch,
dæk dit kød med dens sandhed
og syng igennem den, som var den
behåring eller et tæppe, så bliver du
dig selv i stemmen, dansen, handlingen,
dig selv som denne anden fra den dybe fortid

(ånd)

29

the face of course sits outside of the head,
but not sufficiently distant from the body
to be able to make your identity real,
find a mask from deep in the past
and pull its lines up with indian
ink, cover your flesh with its truth
and sing through it, as if it were hair
or a curtain, then you will become your-
self in the voice, the dance, the action, your-
self as this other emerging from the deep past

(spirit)

28

smerten fra de umiddelbare ting,
såsom tavsheden fra mennesker i din
nærhed, hvis smerte medfører tavshed,
medfører yderligere tavshed, og således
forgår nærhedens glans, indtil enhver
fonetik er overflødig, idet de tavse tier
hinanden ihjel eller til døvhed og fravær,
o.k., jeg hører ting i mit hoved, hvis det er
det, du mener, og de lyser af fraværets
musik, det er det, jeg kalder smerte

28

the pain from the immediate things,
such as silence from people in your
neighborhood, whose pain entails silence,
entails further silence, and in that way
proximity's glory dies, until phonetics
is entirely superfluous, in that the silent
silence each other to death or to deafness
and absence, okay, I hear things in my head,
if that's what you mean, and they shine from
the music of absence, that's what I call pain

27

tiderne er dårlige, som altid, bare værre,
også som altid, jeg drømmer, at alt brænder,
husene, gaderne, markerne, kun enkelte træer
står tilbage, højt rejste over kul og tåge, de
forstår ikke hvad der er sket og vender
grenene spørgende mod hinanden i en sidste
diskussion om vejr og vind, fugle og orm,
jeg løber, springer mellem flammerne
ned til floden, som koger, gnistrer, syder,
til morgenen kommer, og tiderne vender tilbage

(burning river)

27

the times are bad, as always, only worse,
also as always, I dream everything is on fire,
the houses, the streets, the fields, only some trees
remain, raised high above coals and fog, they
don't understand what's happened and turn
their branches questioningly to each other in a final
discussion of weather and wind, birds and worms,
I run, jump between the flames down to the river,
which boils, flashes, sizzles, until the morning
comes, until the times return

(burning river)

26
hvordan kommer vi fra i dag til i morgen,
muligvis på samme måde som man trykker
på aftrækkeren efter at have talt ned til nul
eller op til ti, udspring fra den store vippe
brugte samme metode, meget sportslig, som
at ringe til en rasende kæreste eller endda
til skattevæsenet; vi tæller, og ved det sidste
skæbnetal slukker bevidstheden lyset af sig selv
og gør, hvad der skal gøres, det, der om lidt
allerede vil være gjort, men endnu er umuligt

26

how do we get from today to tomorrow,
possibly in the same way as one squeezes
the trigger after having counted down to zero
or up to ten, plunging from a high dive
uses the same method, very sporting, like
phoning up a furious lover, or let's say
the tax authorities; we count, and at the last
fatal number consciousness turns off the lights
by itself and does what must be done, what in a
moment will be done already, but is still impossible

25

sommernat med uglehyl, insekter og søvnløse engle,
så pludselig den store stilhed før daggry: tingene standser,
elskende af alle arter indstiller aktiviteterne og vejrer
morgenluft, en særlig sort vind, krydret som sæd,
indvarslende nattens bortgang og intet andet, en
negation uden løfter, noget vil ske, men ikkeviden vil herske,
ingentings bevidsthed stirrer ind i det forsvundne grålys, ind
i det nedlagte teater, hvor skyggerne har spillet gotisk komedie
for hinanden, vi har vendt os og lytter, anspændt:
kun regn, hamrende mod alt levende og alt dødt

25

summer night with hooting owls, insects, and sleepless angels,
then suddenly the great stillness before dawn: things stop,
lovers of all kinds suspend their activities and breathe in
the morning air, an especially black wind, seasoned like semen,
heralding the night's departure and nothing else, a negation
without promises, something will happen, but unknowing will
prevail, nothing's consciousness stares into the vanished gray light,
into the closed theater where the shadows have played gothic comedies
for each other, we have turned and listen suspensefully:
just rain, hammering everything living and everything dead

24

den politisk økonomiske videnskab har vist,
at den sublunare verden består af lande, af hvilke
nogle står i gæld til andre, medmindre allesammen
pludselig står i gæld, det sker, og det beviser
guds eksistens; han er det, verden består af
bortset fra landene, der kun dækker planetens
overflade, mens himmel og til dels hav tilhører
den, som alle pludselig står i gæld til, hvorfor alle
derfor gennemlever en dyb spirituel krise og snart
må opgive ævred, ånden, den finansielle væren

24

the political-economic science has shown
that the sublunar world consists of countries,
some of which are in debt to others, unless all
are suddenly in debt, it happens, and it proves
the existence of god; he is what the world consists
of except for the countries, which only cover
the surface of the planet, while sky and partly sea
belong to the one everyone is now in debt to, thus
everyone is going through a deep spiritual crisis and must
soon throw in the towel, the spirit, the financial being

23

det forbandede menneske, *homo sacer,* vakler omkring
i gaderne og kan ikke finde hjem, har ikke et sted,
bliver ikke genkendt, er en levende negation, der brænder
som en fakkel af intethed, fremkalder forlegne bortvendte blikke,
bliver således slet og ret en idé, mager og udtæret men
tænkelig, tanken er: hvad ville jeg være uden et hjem,
et fædrene land, et sprog, en sang til om søndagen, et navn,
som folk kan udtale, og et skattekort, som kan finde mig,
hvor jeg end måtte befinde mig, kort sagt et liv som ægte
selvidentisk menneske, nej, hjertet kræver disse ting

(agamben)

23

the cursed man, *homo sacer*, staggers around through
the streets and can't find his way home, doesn't have
a place, is not recognized, living negation that burns
like a torch of nothingness, produces embarrassed averted
looks, in this way becomes purely and simply an idea, meager
and wasted but thoughtful, the thought is: what would I be
without a home, a fatherland, a language, a song for sundays,
a name people can pronounce, and a tax number that finds me
wherever I find myself, in short a life like genuine self-identical
people, no, these are the things that the heart needs

(agamben)

22

hvorfor bliver folk sindssyge af politik, hvad enten
de er i den og ikke kan komme ud, eller de ikke kan
komme ind; en dag ved de ikke, hvad de foretager sig,
før alt er ødelagt, fordi de ikke troede, det kunne ske,
eller en dag tror de, de kommer ind, hvis de ødelægger
alt, hvilket de så gør, men uden at komme ind, hvor de
kan ødelægge resten, for når alt er ødelagt, er der altid
en rest, noget der gemte sig på loftet eller i et skab;
men nej, kun hvis man både kan komme ind i den
og ud af den, bliver man ikke sindssyg af politik

22

why do people go insane from politics, regardless if
they're in it and can't get out, or if they can't get in;
one day they don't know what is going on with them
before everything is ruined because they didn't believe
it could happen, or one day they believe they'll get in
if they ruin everything, which they achieve, but without
getting in where they can ruin the rest, for when everything's
ruined there's always something left, something that hid itself
in the attic or in a closet; but no, only if you can both get in
and out of it can you avoid becoming insane by politics

21

sandheden, råber han, nu skal jeg sige jer sandheden,
men sandheden vil en dag virkelig komme for en dag,
i tidens fylde, hvor ingen længere råber noget som helst,
og han sidder på en stol og dør lige så stille med en sko i
hånden, stirrende på fodtøjet i et forsøg på at erindre dets
navn og identitet; måske vil folk endnu huske spørgsmålet,
når svaret lægger sig på jorden foran dem som en herreløs
hund, udmattet efter for lang tids flakken; sandheden er det,
vi skulle have vidst engang, da meget stod på spil, og som nu
er noget, der kan fejes op og ydmygt lægges under træerne

(som gødning)

21

the truth, he screamed, now I'm going to tell you the truth,
but one day truth really will come for one day, in the fullness
of time, where no one screams whatever he wants anymore,
and he sits on a chair and dies just that quietly with a shoe in
his hand, staring at the footwear in an effort to recall its name
and identity; maybe people will still remember the question
when the answer lies down before them like a stray dog,
tired out after drifting around for too long; the truth is what
we should have known once when much was in play, and which
now is something that can be swept up and humbly laid under the trees

(like manure)

20

vores hoveder er fulde af kroppe, den ene
vil erobre et bjerg, den anden slå ihjel og
være usårlig, den tredje vil bare væk,
længst muligt, den fjerde krop vil elske
sig fra den ene orgasme til den anden,
tredje, fjerde, den femte vil fylde verden
med løgn og lommerne med betalings-
midler, den sjette vil tænke sin sjæl
ud af verden og være ånd, den syvende
og sidste vil egentlig bare have fred

(mænd)

20

our heads are full of bodies, the one wants
to conquer a mountain, the second to kill
and be invincible, the third just wants to
disappear, as far away as possible, the fourth
body wants to love itself from one orgasm
to the next, next, next, the fifth wants to fill
the world with lies and his pockets with legal
tender, the sixth wants to think its soul out of
the world and become spirit, the seventh
and final really just wants to be left alone

(men)

18

verdenshistorien, knust under vægten
af sammenstyrtede museumslofter, vil
kunne rummes i en boble af skum fra
det globale hav; det hele, det såkaldt
hele, kan ligge på din negl, i en dråbe
af din hjælpeløse sæd, af det ellers så
kæphøje blod, der ellers råbte så højt
om evige værdier, køb en kikkert og
kast et sidste blik på det bevidstløse
univers: hvor du var, skal dét vær

(wo es war)

18

the history of the world, crushed under the weight
of collapsed museum ceilings, could easily be
contained in a bubble of foam from the global
ocean; the entirety, the so-called entirety can fit
on top of your fingernail, in a drop of your
helpless semen or in that otherwise quite bold
blood of yours that otherwise sang out so loudly
about eternal values, buy a telescope and cast
one last glance at the mindless universe:
where you were, is where *it* shall be

(wo es war)

16

vandmusik: det regner ikke længere,
enten bare tåge eller kronisk skybrud,
det fosser ud af alle orgler i himlen
som på jorden, brølende og utydeligt,
selv om vi endnu prøver at fløjte en
lille sang op mod strømmen, for hvis
ikke ville symfonien blive helt vild og
modernistisk, den ville lyde, som om
den havsorte sandhed var musikkens
dybere mening, og det tror vi endnu ikke

(*de profundis*, la vérité en musique)

16

water music: it's not raining any more,
either just mist or chronic cloudbursts,
it gushes out of every organ in heaven
as on earth, roaring and indistinct,
even though we still try to whistle a
little tune up the stream, because if we
didn't, the symphony would become
completely wild and modernistic, it would
sound as if the sea-dark truth was music's
deeper meaning, which we still don't believe

(*de profundis*, la vérité en musique)

15

kunsten består i at ophæve muren mellem
inde og ude, gå nøgen gennem byen,
bygge ruiner, som blæsten kan hyle i
og frosten sprænge i stumper og stykker,
stykkerne er værker, fordi man ikke ved,
hvad man skal stille op med dem, derfor
skinner de som breve fra det inderste
land, det underste, opklæbet som plakater
på offentlige søjler, helt øverst, hvor englene
og fuglene kommer forbi

15

art consists in breaking down the wall between
inner and outer, walk through the town naked,
build ruins that the wind can howl through
and the frost topple into bits and pieces,
the pieces are works, because you don't know
what you will make out of them, that's why
they shine like letters from the innermost
land, the deepest, stuck up like posters
on official columns, at the very highest, where
angels and birds pass by

14

jeg er alene i min krop, med ordene
og klangene, billederne fra det, der
ikke længere kan ændres, men som
vender tilbage fra dybet, en dæmon
bærer mig sprællende ind i den øde
biografsal, beskidt og tilrøget som i
hine tider, og så spilles scenerne fra
alt, hvad jeg har haft ansvaret for,
uden undtagelse, indtil jeg vågner,
igen håbende, at tiden går forlæns

(det irreversible)

14
I am alone in my body, with the words
and the sounds, the pictures from what
can no longer be altered, but which
comes back from the depths, a demon
carries me kicking into the deserted
movie hall, filthy and smoky as in
former times, and then the scenes play
from everything I've been responsible for,
without exception, until I wake up, hoping
once more that time will move forward

(the irreversible)

13

der er så smukt langs motorvejen,
trimmede skovbryn til begge sider,
sollyset spiller mellem stammerne,
som det skal, mens bladene falder,
og dagen strækker sig som en kat
mod aften, bagude livet, forude livet
and life only, skoven vokser hurtigt
ind over kørebanerne, stammerne fældet
af vejret lægger sig hvor de kan, lynet
antænder landskabet, senere er alt kul igen

13

it is so beautiful along the interstate,
the edges of the woods are trimmed
on both sides, sunlight plays between
tree trunks, as it must, while leaves fall,
and the day stretches itself like a cat
toward evening, life behind and life ahead
and life only, the woods grow quickly
over the roadway, the tree trunks felled
by weather lie down where they can, lightning
lights up the landscape, later all is charcoal again

12

midt i verden er der et meget stort hul,
lidt uden for civilisationen, tættere ved
befolkningens skure af pap og blik end
ved de finere kvarterer af ganske andre
materialer, en slags spirituel losseplads
for afdankede illusioner, udslidte ideer
og knækkede hjerter, forbitret sandhed
og opbrugt passion, folk defilerer med
bortvendt ansigt bag tørklæder, lortet
synker og forsvinder så helt sporløst

(og så kan de lidt igen)

12
amid the world there's a very large hole,
a little ways out from civilization, closer to
the people's cardboard and sheet metal sheds
than to those finer neighborhoods of quite
different materials, a sort of spiritual dumping
ground for threadbare illusions, worn-out ideas
and broken hearts, embittered truth and
exhausted passion, people march past with
faces turned aside behind scarves, the shit
sinks and then disappears without a single trace

(and then everything's just fine again)

11

jeg har været her før, men jeg aner ikke,
hvor jeg er, sætstykkerne bliver åbenbart
båret rundt i byen for at jeg skal tro, der er
huse, hvor der faktisk er huller, og pludselige
passager åbner sig, hvor jeg nu hjemmevant
køber brød og bøger sammen med gode venner,
som jeg aldrig har set, de beder mig fortroligt løse
problemer og fortælle historier, eller de bliver væk
for mig midt på hovedgaden; min lejlighed dér står tom,
raseret, jeg havde glemt den i nogen tid, døren er slået ind

(drøm)

11

I have been here before, but I have no idea
where I am, apparently scenery props are being
carried around the city to make me think there are
houses where, in fact, there are holes, and suddenly
passages open up, where I now feel myself at home
buying bread and books along with good friends,
whom I've never seen before, they ask me in confidence
to solve problems and tell stories, or they disappear from me
in the middle of main street; my apartment there is empty,
razed, I had forgotten it for some time, the door is broken in

(dream)

10

jeg er en anden, sagde den anden,
eller var det den ene, o.k., en eller
anden må det have været, der ikke
var helt sig selv efter en filosofisk
hjernerystelse, han genkendte ikke
sin egen stemme i spejlet, ansigtet
var ham fremmed, og ikke mindst
gælden til skattevæsenet, løfterne,
gerningerne, han vaskede en andens
hænder i opad friskt rislende vand

10
I am another, said the other,
or was it the one, o.k., it had
to be one or other who wasn't
all himself after a philosophical
concussion, he didn't recognize
his own voice in the mirror, the face
was foreign to him, not to mention
the debt in taxes, the promises,
the deeds, he washed another's
hands in gurgling fresh trickling water

TIL ELLER OM SØREN /
TO OR ABOUT SØREN (2013)

kierkegaard siger, at det, der bliver til,
ikke gør det med nødvendighed, for det var
først bare muligt og kunne lige så godt
ikke ske, så når det sker, bevarer det sin
unødvendighed, det gælder sikkert også
folk som dig og mig, min elskede, vi kunne
være forblevet ufødte muligheder, og hvad
der skulle og skal ske senere kan heller ikke
ske med nødvendighed, historien kan gå hjem
og hvile sig, for den har fri, ligesom vi selv

(har, er)

kierkegaard says that whatever exists
doesn't do so from necessity, because
it began as merely possible and could
just as well not be, so it retains its un-
necessariness, which must also apply
to people like you and me, my love, we
could still be unborn possibilities, and
what should and shall happen later also
happens not from necessity, history may
go home, relax, enjoy its freedom, as we

(do, being free)

kierkegaard skriver, at der i ethvert menneske
er noget, der forhindrer det i at blive sig selv
fuldt gennemsigtigt; det ser sig ikke tydeligt,
det kan ikke åbenbare sig og derfor ikke elske,
for det ser ikke sig selv, idet det ser ind i natten
eller ser ud i den tomme dag, der er ingen, hvor
det selv skulle have været, men det ser en anden
i nærheden og hilser elskværdigt, det er dog ikke
værdigt at elske, det er mørke og tomhed, men
alligevel elsker det lidt og bliver derved synligt

kierkegaard writes that in the single individual
there is something that keeps it from being itself
completely transparently; it doesn't reveal itself
or make itself plain, and therefore it cannot love,
because it doesn't see itself, it looks into the night
or out at the empty day, no one is there where it
itself should be, but it sees another one nearby
and greets him lovably, it is not however worth
being loved, it is darkness and emptiness, but still
it loves, a little bit, and thereby becomes visible

ja ja, det, filosofferne siger om virkeligheden,
er ofte lige så skuffende, som når man hos en
marskandiser læser på et skilt: *her rulles*;
ville man komme med sit tøj for at få det rullet,
så var man narret; thi skiltet er blot til salg;
så dér går filosofferne med deres skilte, som er
til salg, og man kan ikke få dem til at rulle
noget som helst, men når man har købt et skilt,
kan man sætte det op på muren, hvor man bor,
og folk vil komme strømmende for at få rullet

(diapsalmata)

o yes, what the philosophers say about reality
is often just as disappointing as when you're at a
thrift store and read a sign: *1-Hour Dry Cleaners*;
if you come back with your clothes for cleaning,
they'll think you're a fool: only the sign was for sale;
and there go the philosophers with their signs, which
are for sale, and they're not in the cleaning business,
not at all, but when you've bought yourself a sign,
you can hang it up on your wall where you live
and people will pour in wanting some dry cleaning

(diapsalmata)

en elsket ven af mig er død, søren, kristne kyniker,
jeg ved ikke, om du har oplevet noget lignende,
men en uendelighed af ting, jeg kunne have gjort,
vælter ind over mig, du kalder det sikkert angeren,
den forfølger mig i sorgen, som er dyb, min elskede
kat vred sig og led i mine arme, og hjertet brast,
som man siger, alt *brast* for mig, han er bare væk,
tilbage er et billede, død kat på metalbord, sammenbidt,
og de sidste billeder fra græsset og lyset og den korte
sommer, på én dag afløst af efterår, krageskrig, regn

(død kat)

a beloved friend of mine is dead, søren, you christian cynic,
I don't know if you've gone through something similar,
but an everlastingness of things I could have done pours
down on me, what you would no doubt call regret,
it haunts me in my sorrow, which is deep, my beloved
cat squirmed and withered in my arms, and his heart broke,
as they say, and everything *broke* for me, he is just gone,
what remains is an image, dead cat on a metal table, grim,
and the last images from the lawn and the light and the short
summer, in one day replaced by fall, the shriek of a crow, rain

(dead cat)

enhver, der lever æstetisk, er fortvivlet,
siger du ganske ufortvivlet, idet du lever
uæstetisk, men det æstetiske, min gode mand,
består i at tænke sig døende, forsvindende,
du kalder det umiddelbarhed, men det er
simpel dødsbevidsthed, hvorved tingenes
og menneskenes skønhed bliver deres eneste
sandhed: det skønne er det forsvindende,
man sætter sig ned i græsset og synger en
stille sang, hvorefter man kysser et stille kys

(dødsanskuelse)

everyone who lives aesthetically is in despair,
you say quite undespairingly, since you live
unaesthetically, but the aesthetic, my good man,
consists in considering yourself as dying, vanishing,
you call it immediacy, but it is nothing but the
consciousness of death, wherein the beauty
of things and human beings become their single
truth: the beautiful is the vanishing, one sits down
in the grass and sings a peaceful song, and
afterward plants a kiss on a peaceful kiss

(deathview)

jeg vender tilbage til betydningen af det at vælge; idet jeg da
vælger absolut, vælger jeg fortvivlelsen, og i fortvivlelsen
vælger jeg det absolutte, thi jeg er selv det absolutte, jeg sætter
det absolutte og jeg er selv det absolutte: jeg vælger det absolutte,
der vælger mig, jeg sætter det absolutte, der sætter mig; hvad jeg
vælger, det sætter jeg ikke, thi dersom det ikke var sat, så kunne
jeg ikke vælge det, og dog, dersom jeg ikke satte det derved, at jeg
valgte det, så valgte jeg det ikke; det er, thi dersom det ikke var,
kunne jeg ikke vælge det; det er ikke, thi det bliver først derved
at jeg vælger det, og ellers var mit valg en illusion, forstår du nok

(at vælge sig selv)

let me return to the meaning of what it is to choose; for as I
choose absolutely, I choose despair, and in despair I choose
the absolute, since I myself am the absolute, so I presume
the absolute, and I myself am the absolute: I choose the absolute
which chooses me; I presume the absolute which presumes me;
what I choose, I do not presume, for that which was not presumed
I could not choose, and though, if I did not already presume it
by choosing it, I could not choose it; it is not there, because
it comes into being in the first place by my choosing it, otherwise
my choice would be an illusion, as you will easily understand

(on choosing oneself)

FROM *TIDENS TAND, MØRKETS HASTIGHED* /
THE TEETH OF TIME, THE SPEED OF DARK
(2014)

jeg hænger ikke sammen, jeg
modsiger mig selv fra øjeblik til
øjeblik, især fra dag til nat, jeg
er vinden, der blæser fra nord og
syd, dog ikke samtidig, dér går
grænsen for min usammenhæng

I don't cohere, I contradict my-
self from moment to moment,
especially from day to night, I am
the wind that blows from north and
south, though not simultaneously,
there are limits to my incoherence

jeg spilder tiden, den er
mælk på gulvet, vand på gås,
ord på min gode kollega lars,
den løber ned i sprækkerne,
hvorfra slet ingen og intet
vender tilbage, så hold dog fast
på istiden, den frosne tid, frys den
dybere i dit skab, gå selv ind
og eksistér dér, siger jeg
til mig selv: bliv kold nok

(stay cool)

I'm spilling time, it's milk
on the floor, water down
the back of a duck, words
for my good colleague lars,
it runs through the cracks
from where no one and nothing
returns, so hold on to ice age time,
frozen time, freeze it deeply in your
freezing fridge, enter and exist there,
I tell myself: be cold as cold is

(stay cool)

det blæser, det regner, det mørkner, det
bliver ved og ved, ingen i vejret bekymrer
sig om os, hvad klokken end er, og snart
er det morgen, træerne er væltet, de døde
og sårede ankommer til dagens aviser, de
bløder sort, ingen i vejret bekymrer sig

(vejret er verden)

it rains, it blows, it darkens, it goes
on and on, no one in the weather cares
about us, whatever time it may be, and
soon it is morning, trees are down, the dead
and the injured arrive in the papers, they
bleed black, no one in the weather cares

(the weather is the world)

de syge synger, de døde danser, de andre
forandrer, de samme samler på frimærker
med den leende mand med den store le

(lehmann vignet)

the sick sing, the dead dance, the others
become others, the same sample stamps
of the laughing man with the big scythe

(lehmann vignette)

hver dag forfra, igen og igen: ingenting,
tavlen visket ren med tilkridtet ærme,
så kun enkelte skyformationer består,
mumlende om usikre begivenheder
fra engang, da det var anderledes,
det, som nu er nu og helt parat
til friske forsyninger af røvere
og soldater, elskere og deres
formler, tavlen er blank,
øjnene fulde af blikke

(tabula rasa)

each day all over, again and again: nothing,
the board erased with chalked-up sleeves,
so only a few cloud patterns remain,
muttering about uncertain events
of a time when it was different,
what's now is now and open
to fresh supplies of cops
and robbers, lovers and
their formulas, the
board is blank,
the eyes full
of glancings

                      (tabula rasa)

isen under sneen efterligner noget
i beskrivelsen af en person, samtalen
går fra kølig til livstruende og ligefrem
mærkbart blank, glat under mine fødders
trætte sko, der vil hjem nu men ikke husker
hvor dét egentlig er, alle spor er som sunket

(i jorden)

the ice under the snow resembles something
in the description of a person, the conversation
goes from frigid to life-threatening and downright
perceptibly glazed, slippery under the tired shoes on
my feet, which want to go home now but can't recall
where that is anymore, all tracks appear to have sunken

(into the ground)

hvordan kunne jeg leve sådan,
spørger jeg buske og træer, de
ved ikke lige, hvad de skal sige,
fugle, insekter, gnavere, og så
folk med knive til indridsning
af hemmelige tegn i barken

how could I live like that,
I ask bushes and trees, they
don't quite know what to say,
birds, insects, rodents, then
people with knives carving
their bark with secret signs

mørket sænker sig nådigt over de
rådne huse med pap for vinduerne
og manglende livstegn men nu er det
forår og tiggerne beder om penge til
øl mens en mild regn siler over de
jagede ansigter og giver dem fred

(og tørst)

darkness falls mercifully over the rotting
houses with cardboard on their windows
and not showing signs of life, but now it's
spring and the beggars are asking for beer
money while a gentle rain pours down
the hunted faces granting them peace

(and thirst)

katten kommer glad ind med endnu en kaninunge,
varm men død, hvor tit skal jeg sige dig det, vi kan
ikke blive ved med at skrive den samme sandhed

(vel, kat? jf. iraq)

the cat comes in happily with another baby rabbit,
warm but dead, how many times must I tell you,
we can't go on writing the same truth over and over

(can we, cat? cf. iraq)

han skrev et stykke for 80 tromboner og et andet for
4 pramme fulde at fløjtenister, til amsterdams kanaler,
de skulle sejle under broerne, mens marchorkestre
trampede over dem, og klokkerne bimlede fra alle
tårne, kæmpemæssige kvindekor skreg fra kirkerne,
og pejsebrændet knitrede hjemme hos komponisten

(henry brant, hvil i fred)

he wrote a piece for 80 trombones and another for
4 barges filled with flutists, for amsterdam's canals,
they'd sail under the bridges, while marching bands
stomped over them, and the bells clanged from every
tower, huge women's choirs howled from the churches,
and wood crackled at home in the composer's fireplace

(henry brant, rest in peace)

verden her består mere eller mindre
af hologrammer der går ind og så ud
gennem hinandens geléhvide skikkelser
fra katastrofe til indvielse af dyrskue
og betydelige ødelæggelser eller en fest

for præsidentens hund og så måske
endnu en ny roman mens en by forsvinder
og et eller andet andet styrter sammen
som et skuldertræk end ikke nervøst
for hvad verden gør er altid det rigtige

the world here consists more or less
of holograms that go in and then out
of each others' jelly-white figures
from catastrophe to inauguration of a
cattle show and some significant damages or else

a party for the president's dog and then maybe
another new novel while a city disappears
and something or other somewhere collapses
like the shrug of a shoulder not even worried
since the world always knows best and does what's right

skal jeg klage over vandmasserne,
spørger en stemme, eller over vinden
og ilden og bjergene, der falder sammen
som korthuse, eller skal jeg tiltale universet
med gode ord og panden mod jord, hvad jeg
skal gøre og sige og synge er et stort problem

should I grumble about the floods,
a voice asks, or about the wind and
fire and the mountains crumbling like
houses of cards, or should I address the
universe with good words and head bowed,
what to do and say and sing is a big problem

dagene går, mens nætterne
ligger helt stille og stirrer
op i kroppens himmel, som
er kraniets skjulte side, her
bor ingen, for drømmene
jager os ud, hvor dagene går

(månebad)

the days pass, while the nights
lie completely still and stare
up into the body's sky, which is
the hidden side of the cranium,
nobody lives there, because dreams
roust us out to where the days pass

(moonbath)

i går talte en mand med sin søn
på uzbekisk, mens han forsøgte
at tanke op på en benzinstation,
men han blev ramt af tre kugler
i maven, så han siger ikke meget,
omendskønt han lever lidt endnu

(cleveland)

yesterday a man spoke to his son
in uzbek while he tried to fill up
at a gas station, but he was shot
in the stomach by three bullets
so he isn't saying all that much,
even though he lives a little yet

(cleveland)

halvanden kilometer inde i grotten
ligger templet, ingen finder ned, ind,
uden et detaljeret kort, og ilden må
man selv medbringe, medmindre
der allerede er fest, gilde, koncert
for trommer, piber, stentøj, stemmer
og ånder, så brændes der fedt af,
men den lille bæk i bunden vasker
sod af kroppen og vier til elskov;
gå ikke ind uden en hellig hensigt

(stenalderdiskotek)

a kilometer and a half into the cave
lies the temple, no one finds the way
without a detailed map, and you must
bring your own fire, unless there's
already a party, feast, a concert for
drums, pipes, stoneware, voices
and spirits, then the fat is burned,
but the little brook at the bottom
washes off soot and is dedicated to love;
do not enter without holy intents

(stone-age discotech)

gizmo, det ord har han set før,
er det en pizza hut, en ostekage
eller en terminus technicus for
noget seksuelt, skat hvad med
en g tonight? eller kan det være
en musikers kælenavn, ja netop,
det er det mest sandsynlige, det
eneste rigtige, han var pragtfuld,
en tone som ingen anden, den gik
til marv og ben, som kys og skrig

gizmo, he's seen the word before,
is it a pizza joint, a cheesecake,
or maybe a terminus technicus for
something sexual, honey how about
a little g tonight? or could it be a
musician's nickname, yes that's it,
the most sensible option, the only
right one possible, he was magnificent,
a sound like none other, it went straight
through you, like a kiss and a scream

når der ikke er mere at gøre er resten skønhed
når der ikke er mere skønhed er resten tanke
når der ikke er mere tanke må der gøres noget

when there's nothing left to do what remains is beauty
when there's no beauty left what remains is thought
when there's no thought left something has to be done

stormfloder, hedebølger, invasioner,
epidemier, skandaler, erklæringer og
faste håndtryk, stenansigter, kvinder
opløst i gråd, knejsende mokker, små
klovneagtige gestalter med løse arme
og gummigrin, jingles, tæppe, touché

(verdensteater)

storm surges, heatwaves, invasions,
epidemics, scandals, declarations and
firm handshakes, stone faces, women
dissolved in tears, strutting bitches,
small clownish figures with loose arms
and rubber smiles, jingles, curtain, touché

(world theater)

meget mærkeligt: at være hvor man ikke er,
brillere ved fravær, og at være når man ikke er,
såsom når en af vennerne ikke længere er iblandt os
overhovedet, i så fald er hun uden at være *til*, hvordan
går dette *til* til, vi er personer og derfor langt mere
personligt til stede gennem spor, rester, aftryk,
indtryk, håndtryk, udtryk, linoleumstryk,
end ved bare at svinge rundt med en
sæk proteiner, der skal næres,
mens rene ånder intet æder

(åndsliv)

very strange: to be where one is not,
seen-unseen, and to be when one is not,
like when a friend of yours is no longer there
at all, in that case she is non-existent, how does
nonexistent exist, we are persons and thus much more
personally present through our tracks, traces, prints,
stains, impressions, expressions, photo sessions,
than by merely tossing around these bags of
protein that have to be fed constantly,
while pure spirits eat nothing

(spiritual life)

In addition to his poetry, Per Aage Brandt has published a large number of books on the subjects of semiotics, linguistics, culture, and music. He has also translated Molière and the Marquis de Sade, among others, and has had some of his translations set to music in Frederik Magle's *Cantabile*.

Thom Satterlee received his MFA in Literary Translation from the University of Arkansas, and has published two previous collections of Danish poetry in translation. He has received fellowships from the National Endowment for the Arts and PEN America, and won the Translation Prize from the American-Scandinavian Foundation.

**OPEN
LETTER**

**OPEN
LETTER**